AF250697

Saint-Jacques et Panthéon.

UN

ÉPISODE DU 24 FÉVRIER

1848.

L'humanité avant tout !

AVERTISSEMENT.

Tant de versions se sont faites sur l'épisode du Panthéon, qu'on a pensé qu'on n'en lirait pas sans intérêt une narration puisée aux meilleures sources, qui met en son vrai jour le service qu'a rendu au quartier son principal acteur.

12ᵉ ARRONDISSEMENT.

QUARTIERS SAINT-JACQUES ET DU PANTHÉON.

EPISODE

Qui se rattache au grand drame qui (vient de s'accomplir au sein de la capitale.

PARIS, 24 FÉVRIER 1848.

L'immortelle colonne des élèves de l'école polytechnique avait déjà, calme et marchant comme au pas d'un seul homme, traversé la place du Panthéon,. au milieu des bravos et d'un enthousiasme qu'on ne saurait décrire, pour aller se mettre aux ordres de la mairie; déjà, sur le demande d'un jeune conseiller municipal, M. Delètre, exerçant une grande influence sur les esprits, une section de ces braves élèves devait être dirigée sur chacun des douze arrondissements, et, en en faisant les dignes apôtres de la liberté et de l'ordre, il leur avait dit, après une courte et chaleureuse allocution : « Allez, Messieurs, et » le pays vous bénira ! » lorsqu'on vit se rallier aux gardes nationaux, accourant de toutes parts au rappel des tambours, des groupes considérables de citoyens, dont la plus grande partie était sans armes, sur la place du Panthéon, où stationnait toujours une force imposante, composée d'une partie des 15ᵉ, 52ᵉ et 55ᵉ régiments de ligne, et d'un détachement de cavalerie. Les chants animés de la Marseillaise et des Girondins se répètent sans cesse avec une ardente énergie ; cependant il se mêle à ces chants les cris réitérés de *Vive la ligne !* Et, il faut le dire, malgré leur silence morne et constant et l'immobilité de leurs rangs, il errait sur les lèvres des soldats un sourire fraternel.

La nouvelle de l'attaque des Tuileries et de l'hôtel de ville vint ajouter à l'anxiété générale et redoubler l'exaspération des masses qui s'agglomeraient sur la place du Panthéon. Bientôt on circule avec peine, et le cri : *Des armes ! des armes !* commence à s'y pousser avec fureur. La troupe, plus pressée, se replie sur elle-même pour laisser plus d'espace libre sur la place, et se forme de manière à faire front à toutes ses faces.

Ce fut en ce moment que, sachant juger la gravité de la situation, toutes les conséquences affreuses, incalculables qui pouvaient résulter d'une collision entre les citoyens et la troupe ; ce fut en ce moment suprême qu'un colonel en retraite, propriétaire dans le XIIᵉ arrondissement, et habitant du Panthéon, se mêlant aux rassemblements de la place, parvint à faire entendre ces mots : *Voilà, mes amis, des bras bien nombreux, mais il leur manque une tête ; pour bien agir, il faut un chef ; ancien colonel, je m'offre*

pour être le vôtre. Un *oui* général et un glorieux vivat ré-
pondent à sa proposition, qu'aucun intérêt personnel ne
pouvait dicter. *Eh bien !* dit le colonel, *je vous demande
quelques minutes pour revêtir un uniforme....* L'impatience
les gagne, quelques-uns se rapprochent de sa porte, et
deux coups de feu en brisent un des vitraux à l'instant
même où il descendait l'escalier, suivi de sa femme, qu[i]
échappe aux coups qu'on vient de tirer, et à qui il disait,
en s'arrachant de ses bras : *L'humanité avant tout !* —
« Pars donc, et que Dieu t'accompagne !.... » Et l'épouse
éplorée va tomber à genoux, les mains jointes, au pied
d'une croisée qui domine la place.

Presque au même instant, une autre épouse, une mère,
tout à côté, dans la même maison, se débattait sous les
étreintes d'une cruelle convulsion ; mais, reprenant ses
sens, elle s'écrie, elle aussi : « Va, mon fils, suis ton père ;
suivez le colonel ! » car elle venait de l'apercevoir sur la
place. Les deux nobles dames sont soudainement réunies,
et c'est sous leurs yeux que le colonel, parti la tête nue,
dit d'une voix éclatante, en étendant son épée vers la
croisée où priait sa femme : *Citoyens ! je vous sacrifie là
ce que j'ai de plus cher au monde ; je vous sacrifie tout ce que
je possède et ma vie s'il le faut, mais à la condition d'obtenir
une obéissance absolue ; sans elle, ici, rien n'est possible !* —
Les cris : « Oui, oui ! nous vous obéirons ; » couvrent sa voix.
— *Au reste, je n'entends unir mes efforts aux vôtres que
pour le rétablissement de l'ordre et pour empêcher, avant
tout, le sang de couler sur cette place entre les enfants de la
même patrie. Quant à la politique, laissons à la France à
régler ses destins ; mais, s'il le faut, nous repousserons la force
par la force pour le succès de la cause nationale.* — Puis s'é-
lèvent ces cris : Oui ! oui ! des armes ! des armes ! On se

bat encore dans Paris ! — *Des armes, vous en aurez, je vous le jure sur ma tête* !

Le colonel voit le général, qui n'avait cessé de mériter l'accueil cordial que lui fit, le 23, la garde nationale. La position des troupes est comprise ; elles se retireront dans leurs quartiers, et là des armes seront fournies à la population. Telles étaient les dispositions qui devaient tout concilier, quand plusieurs coups de fusils, heureusement mal dirigés contre la troupe, partent des rangs de la foule populaire. C'est ici, par un de ces mouvements sublimes qui suffisent à l'immortalité du nom d'un chef, que, pour répondre aux coups de feu tirés, le colonel du 55e fait ôter la baïonnette et mettre l'arme au pied (1).

Cependant on se rapproche des soldats, on manifeste fortement l'intention de se jeter sur eux et de s'emparer de leurs armes ; mais le colonel, qui a confiance dans le patriotisme de ses anciens camarades, et qui sent tout ce que peut entraîner de massacres et de carnage un seul soldat abattu, aux premiers coups de fusils se porte comme l'éclair à la tête des citoyens, et, s'interposant entre eux et la ligne, c'est alors qu'il s'écrie, en repoussant le flot tumultueux qui le presse : *Vous m'avez promis de m'obéir ; obéissez-moi donc, en modérant quelques minutes encore votre juste impatience ; laissez à ces braves le mérite de vous donner leurs armes, en leur sauvant l'humiliation, la honte de les rendre ; laissez-leur accorder la sainteté du devoir, aujourd'hui si pénible à remplir, avec l'amour de la patrie. Ce sont vos frères ; leur honneur est le vôtre, et vos balles n'arriveront à eux qu'en traversant mon corps.* Ces paroles, noblement accueillies, calment un instant l'effervescence des esprits ; car le peuple est grand et généreux et comprend tous les sentiments élevés de l'âme (2).

On laisse partir la troupe. Le colonel, qui ne saurait néanmoins s'abuser et concevoir l'espérance de contenir plus longtemps la masse qu'il commande, se met lui-même en marche et suit les derniers rangs du 15.e, se rendant à la caserne de la rue Neuve-Sainte-Geneviève, où devait se passer une scène peut-être unique dans les fastes de l'histoire (3).

Le colonel, qu'avaient suivi trois élèves de l'école polytechnique, dont on voudrait pouvoir citer les noms, M. Hennequin, capitaine de la 12e légion, qui ne l'a jamais quitté, un adjudant, M. Lemaître (4), et plusieurs sous-officiers et gardes nationaux de la même légion, un lieutenant retraité, M. Semedei, un italien réfugié, M. G. S., et MM. de Billy, père et fils, habitants de sa propre maison; le colonel fait arrêter son impétueuse colonne un peu avant la rue de la caserne, et envoie quelques hommes, sous la conduite d'un élève de l'école et de gardes nationaux, demander si l'on était prêt à délivrer les armes; mais on revient aussitôt lui rendre compte qu'on les refuse; les cris de trahison circulent, on soupçonne la bonne foi du colonel. *Eh quoi!* dit-il, *je compromets ma tête, et l'on se méfie de moi! La caserne est murée, dites-vous. Eh bien! si l'on vous trompe, je tomberai le premier sous le feu des soldats.... En avant!*

Le colonel arrive, non sans de violents efforts, jusqu'au seuil de la caserne; pour lui, l'erreur est manifeste : on a parlé au lieutenant-colonel, qui n'était encore prévenu de rien. Les deux commandants s'entendent, et l'on voit tout aussitôt le chef des soldats et le chef improvisé des citoyens se présenter ensemble, avec les mêmes insignes militaires, aux croisées du quartier, et tendre de leurs propres mains des armes aux ardents patriotes qui encombrent la rue, impatients de les saisir et de courir sans retard où l'on se bat encore. Des paquets de cartouches se jettent également par les fenêtres ; s'il le faut, on est prêt à combattre !....On aime à le publier ici, le colonel du 15e de ligne et ses braves ont bien mérité du pays (5).

On se remet en marche pour se porter sur les Tuileries ; mais, arrivé à la place du Panthéon, quand le colonel veut s'arrêter quelques secondes pour rallier son monde, former son avant-garde et prendre des dispositions militaires, une main ose se porter sur lui pour s'opposer à tout temps d'arrêt, et le force, en se dégageant avec vigueur et indignation d'une étreinte qui l'offense, à rappeler aux citoyens qu'il guide, qu'il veut bien se dévouer à les commander, mais qu'il n'entend pas l'être ; au reste, ajoute-t-il, qu'on forme l'avant-garde en marchant ; quant au chemin , le plus court ! Et dès lors, les cris de *Vive notre général !* ne cessent de se mêler aux chants nationaux qui électrisent les cœurs. La colonne , qui se grossit à chaque pas et bientôt s'élève à plus de trois mille hommes, est partout accueillie avec enthousiasme par la population des quartiers qu'elle traverse.

D'innombrables barricades sont franchies ; on arrive au pont Neuf. C'est de là qu'on aperçoit, sur la droite, une longue et épaisse colonne qui, à la hauteur du pont au Change, se prolonge sur le quai de la Mégisserie, sans qu'on puisse à la vue reconnaître quels hommes la composent. Aussitôt le parapet se garnit ; on s'agenouille, et plusieurs coups de fusils se tirent dans la direction de la masse qui s'avance. Ce n'est pas sans efforts que le colonel arrête l'intrépide ardeur des citoyens, et qu'il parvient, au risque de sa vie, à relever de son épée les armes abattues , en défendant de tirer avant qu'il n'ait fait reconnaître la colonne : le chef empêche encore le

sang de se répandre!... Deux colonnes du peuple se trou-
vent incessamment réunies, et, mêlant leurs flots, met-
tent à pied un soldat du train pour monter leur général.

On entre enfin dans la cour des Tuileries, qui est
toute couverte de citoyens armés qui s'en partagent la
garde, après en avoir partagé la conquête, laissant
contempler au peuple les débris du trône que ses ven-
geurs viennent de briser. De vives et nombreuses accla-
mations saluent le général populaire, on le presse, on
l'entoure; une branche de laurier lui est donnée : il boit
au peuple souverain, et fait signe qu'il veut parler. Mais,
quand plus de six mille voix réclament le silence, on est
longtemps à l'obtenir, s'il n'est pas impossible. Du reste,
il est pour lui très-significatif, s'il est ambitieux ou homme
de parti, qu'on l'appelle à jouer un rôle puissant dans la
question gouvernementale qui va s'agiter; mais là n'est
point le but de la mission qu'il s'est imposée: son res-
pect sacré pour la volonté du peuple le fait résister à
l'entraînement d'étendre le pouvoir de son commandement ; car, en appuyant trop tôt de l'appareil de la force
des cris qui semblent présager l'avenir, on pourrait en-
traver l'expression libre du vœu général de la nation.
Aussi, lorsqu'il entend dire près de lui : « Il nous faut un
Lafayette (6)! » il se borne à répondre : *Croyez-moi, ce
qu'il faut avant tout, c'est l'ordre, et que le sang français
ne coule plus!...* Et donnant son nom, bien que le patriotisme en fasse tout le mérite, pour répondre aux instances
de la foule, il s'ouvre un chemin au milieu d'elle, et va,
avec la colonne des habitants du 12ᵉ, joindre l'appui de
ses braves à ceux de l'hôtel de ville, en pensant aux
moyens d'obtenir l'autorisation d'aller tenter la reddition
parlementaire du château de Vincennes.

On parvient aux portes de l'hôtel de ville; le capitaine Hennequin, fidèle compagnon du colonel, est chargé d'en demander l'entrée. Par malheur, aucun pouvoir n'est encore constitué, et l'abus de la force et le fanatisme des partis paraissent seuls servir de règle de conduite à ceux qui se sont faits les premiers gardiens du capitole populaire. Les portes refermées sur lui et le brave capitaine Hennequin, le colonel se trouve à la merci d'exaltés politiques uniquement occupés d'imposer leurs doctrines; et, lorsque sentant se glisser doucement sur son bras une main qui cherche à atteindre son épaulette pour l'arracher sans doute, il se retourne avec vigueur, il se voit en face d'une de ces figures sur lesquelles semblent imprimés les stigmates de la loi. Outré de cette indignité, il veut saisir son épée; mais elle lui a été enlevée avec une telle subtilité qu'il ne s'en est point aperçu; c'est avec une adresse aussi exercée qu'un de ses pistolets a disparu de ses poches. Enfin, ne cessant de réclamer à être conduit devant celui qui commande, on l'entraîne dans une salle basse transformée en corps de garde.

L'effervescence est au comble; les cris *Vive la République!* se poussent avec frénésie autour du colonel qu'on somme de déclarer ses opinions. Ecrivez-les, dit-on. et si elles sont les nôtres, nous vous prenons pour chef; n'ayez pas peur, on ne vous fera aucun mal..... *Eh!* s'écrie le colonel, *vous m'avez fait déjà tout le mal qu'on peut faire à un soldat en m'ôtant mon épee!* — On vous la rendra. — *Quant à la peur, vieux serviteur de la République, officier supérieur de l'Empire, elle n'est jamais entrée, et n'entrera jamais dans mon cœur! Nulle intimidation, nulle violence, nul danger ne me fera dire ce que je ne dois pas dire, et faire ce que je ne dois faire!* — Vive la république ! se répète avec plus de chaleur que jamais. — *Si la république doit être le salut du pays, c'est au peuple entier à la proclamer ; sinon elle s'implanterait chez nous comme le triomphe d'un parti.* — On nous a trompés, nous ne voulons plus l'être. Soyez plus positif, écrivez quelques lignes qui vous fassent mieux connaître; venez, venez. — Le colonel est plutôt porté que conduit dans une vaste salle, qu'il croit la salle Saint-Jean. Monté sur une estrade, et refusant de s'asseoir, il s'exprime ainsi : *Autant qu'aucun de vous, citoyens, je veux et j'aime la liberté ; mais je la comprends mieux ; j'en appelle à vous-mêmes ! C'est quand, au péril de ma vie, j'ai empêché au Panthéon le sang des habitants de mon quartier de couler ; c'est quand, par de nouveaux efforts et de nouveaux dangers, je suis parvenu à en faire armer une partie, et quand plus de trois mille de ces braves viennent sous mon commandement et à ma voix vous offrir l'appui de leur dévouement à la cause populaire ; c'est alors que je deviens votre prisonnier !* — Vous n'êtes pas prisonnier ! — *Si, je le suis, car vous m'avez désarmé ; que dis-je? désarmé! oh! non ; je me serais plutôt fait tuer que de le souffrir : vous m'avez pris mon épée! Eh bien! cette conduite est infâme!* — Oui! oui ! Qu'on ferme les portes ; qu'on rende l'épée au colonel ! — *A cette noble indignation, je sens que j'aurais tort de vous accuser ; le blâme et la honte doivent retomber sur la tête du misérable, du lâche qui seul a pu souiller vos rangs !* — Commandez-nous! — *Non, citoyens! un chef sans armes est un corps sans âme.* — Voilà votre épée.....! — *Elle est belle et brillante ; mais c'est une épée de salon, ça ne sent pas la poudre.* — Qu'importe, c'est une arme pour une arme. — *Ce n'est pas la mienne; ce n'est pas celle que j'ai portée quarante ans, celle que j'avais à Waterloo et mon seul souvenir de cette grande bataille, celle qui est restée pure du sang*

français, partout où j'ai payé de ma personne. . . . .
Mon épée, mon épée! elle a un cachet distinctif; elle porte à
sa garde le combat des Horaces et des Curiaces. . . . Et c'est
en me présentant au milieu de vous avec des emblèmes de
liberté, que je perds la mienne! . . . Si je suis votre prison-
nier, rendez-moi mon épée, que je meure avec elle! — Mais
vous êtes libre! — *Si je suis libre, ouvrez vos portes; ma*
mission est accomplie, et quel que soit le gouvernement que
nous donne la souveraineté nationale, vrai patriote, j'en serai
toujours le plus ferme défenseur.

C'est au moment de ces dernières paroles, presqu'étouf-
fées par le bruit, qu'un élève de l'école polytechnique,
M. Rousse, se faisant jour jusqu'au colonel, le prit par
le bras, et, après avoir recommandé la recherche de ses
armes, lui fit rejoindre les citoyens de son quartier.

Mes amis, leur dit-il, je ne puis plus rester à votre tête, on
m'a pris mon épée! D'ailleurs, nous n'avons plus qu'à nous oc-
cuper du maintien de l'ordre dans nos propres foyers; mais,
que le danger revienne et vous menace, je suis à vous de corps
et d'âme. — Les cris *Vive notre général!* se font entendre
avec d'autant plus d'ardeur qu'on paraît vouloir exprimer
tous les regrets qu'on éprouve de la conduite tenue en
vers lui. « Une escorte d'honneur, » disent aussitôt ces braves gens. Et le colonel, entre un homme du peuple et le
jeune et patriote Rousse, qu'un de ses camarades rejoint
plus tard, et suivi de nombreux concitoyens, regagne la
place du Panthéon au milieu des cris animés et incessants
de : *Chapeau bas! vive notre général!* . . . Il a compris, le
peuple, avec son âme d'élite, et le dévouement et le service rendu, et ce qui devait pourtant en attrister le souvenir!

A l'approche, toute en larmes, de la femme du colonel, ils font faire place, ces hommes du peuple si bons, si

sensibles quand on ne les force pas aux rugissements du lion ; leur chef rentre chez lui en proie aux plus puissantes et aux plus douces émotions que le cœur puisse éprouver.

Un témoignage d'intérêt et de reconnaissance bien flatteur devait l'attendre encore aux premières marches de l'escalier que remplissaient presque tous les locataires de la maison, qui plus que personne avaient pu juger du péril imminent qu'il avait volontairement bravé. Aussi disait-il : *Si j'ai payé mon dévouement de la perte de mon épée, c'est égal, ce jour n'en est pas moins le plus beau de ma vie : Le sang n'a point rougi notre place !*

A cinq heures et demie, une députation vint exprimer particulièrement au colonel toute la part qu'on prenait au déplorable événement de l'hôtel de ville, qui, par une soustraction odieuse, le privait d'une arme qui, en rappelant ses plus anciens services, devait avoir tant de prix à ses yeux.

⟶ ▰▰◉▰▰ ⟵

NOTES.

(1) Le 55ᵉ était commandé par le colonel Buisson. Par sa noble et belle action, sa conduite, en ce jour difficile, ne saurait être au-dessous de celle des colonels dont on a fait le plus l'éloge ; non qu'on ne reconnaisse qu'il eût été impossible d'empêcher un conflit sanglant sur la place, si un seul de ses hommes eût été tué.

(2) C'est dans le même moment qu'un réfugié italien, M. G. S., qui vint plus tard se mêler aux rangs du peuple, empêcha une vingtaine de citoyens d'attaquer les dragons qui gardaient la place de l'Estrapade, et qu'il parvint à les faire se réunir aux attroupements du Panthéon.

(3) Quand la place fut évacuée, les deux épouses, la femme du colonel et madame de Billy, qui avaient suivi avec un si poignant intérêt cette scène émouvante, s'écrièrent alors, comme si l'humanité était le vrai baume de toutes les douleurs : *Faisons de la charpie pour les blessés*. Une ambulance était établie dans une salle de l'école de droit.

(4) M. Lemaître, adjudant de la 12e légion, père de cinq enfants, est un de ceux qui ont le plus secondé le colonel dans la distribution des armes faite à la caserne de la rue Neuve-Sainte-Géneviève.

(5) Le 15e de ligne était commandé par le colonel Brunet, qui sentit bien vivement la donation de ses armes, et qui pourtant en fît la remise avec tant de patriotisme qu'on l'entendit dire à un citoyen, en la lui passant : *Vous oubliez la baïonnette....* Ce mot peint tout un soldat.

(6) Par un singulier hasard, le colonel se trouve parent éloigné et ignoré de cette illustre famille, par la mère de madame Lafayette.

(7) On a prétendu que le colonel avait affiché sa maison ; mais elle l'était depuis longtemps, car elle est le quartier général des dames du Panthéon qui travaillent pour la crèche, et elle est pleine de citoyens qui tous ont rivalisé de zèle pour la chose publique.

MM. de *Billy*, père et fils, ont marché où était le péril ; MM. *Ratier et Bachelay* ont mêlé le dévouement du médecin et du chirurgien à celui de gardes nationaux ; M. *Pellat*, capitaine de la 14e légion, chef de bureau au ministère de l'intérieur, n'a cessé d'être sur pied au jour le plus dangereux ; M. *Desdouits*, professeur, père de six enfants, est resté constamment sous les armes ; M. *Kastus*, secrétaire de M. Cousin, s'est trouvé à la prise de l'hôtel de Ville ; MM. *Videcoq* et *Lefrançois*, quoique souffrants, ont témoigné du désir de contribuer au maintien de l'ordre ; M. *Kastillon*, professeur, estropié, s'est empressé de donner ses armes, et fut imité par le nommé *Victor*, concierge de la maison ; enfin MM. *Gournay* et *Vasquez*, élèves en droit et en chirurgie, et M. *Dome*, ont compté, ou dans les rangs des combattants, ou dans ceux des protecteurs de l'ordre. On peut rappeler encore, comme devant afficher la maison, que le 24, au matin, un jeune soldat du 52e s'étant trouvé mal de fatigue, la femme du propriétaire le fit monter chez elle pour lui prodiguer ses soins; et, comme il avait refusé de l'argent, elle lui passa au cou une petite médaille bénie, en lui disant: « Prenez-la, mon ami, elle vous portera bonheur; c'est une mère qui vous la donne, car je suis femme d'un ancien colonel.»

Honneur donc aux maisons que l'on affiche ainsi !

Paris. — Imp. de J.-B. Gros, rue du Foin-St-Jacques, 18.